ÉTUDE SUR L'ÉPOQUE DE NÉRON

LE

GENDRE DE LOCUSTE

Par Augustin DELÈS

CHAMBÉRY

IMPRIMERIE CHATELAIN, RUE DU VERNEY

1878

LE GENDRE DE LOCUSTE

Par Augustin DELÈS.

CHAMBÉRY

IMPRIMERIE CHATELAIN, RUE DU VERNEY

—

1878

A M. LE DOCTEUR GUILLAND

EX–PRÉSIDENT DE L'ACADÉMIE DE SAVOIE

Dans un mauvais petit *factum* que vous avez drûment flagellé et spirituellement enterré il y a deux ans, on avait cru trouver votre image grotesquement défigurée par un pinceau malin. Laissons dormir dans le sépulcre où vous l'avez enfouie cette œuvre d'un goût douteux qu'on a qualifiée avec raison d'*étourderie de collége*.

Cher docteur, vous m'avez livré alors à mes remords et vous avez bien fait. Aujourd'hui, je déplore ma faute et je viens, pour l'effacer autant que possible, vous offrir une petite production bien modeste de ma façon.

C'est une étude sur cette célèbre empoisonneuse du temps de Néron, dont un peintre français a portraituré, l'an dernier, la manière de procéder avec tant de sentiment et de vérité, qu'il a remporté le premier prix du salon.

Mon œuvre n'a pas la prétention de réunir autant de suffrages. Je me contenterai du vôtre, Monsieur l'académicien. Puisse ce tardif mais sincère hommage vous être un faible dédommagement de la peine que vous a causée mon Eusèbe.

On m'a reproché de n'avoir peint que des monstres et de n'avoir fait ressortir aucune moralité de mes tableaux divers. Le reproche n'est, je le crois, qu'à demi-fondé. Si

Néron est essentiellement scélérat, Locuste, malgré ses crimes, conserve encore l'auréole de l'amour maternel. Sa fille n'est pas plus mauvaise que fille du monde, et le gendre de l'empoisonneuse, à part sa funeste parenté, n'a rien qui ne soit d'une âme honnête et d'un noble caractère.

D'ailleurs, je ne décris pas ici les mœurs d'un couvent. Vous connaissez mieux que moi la triste époque du brûleur de Rome. Je croque le vice, mais je sais aussi ne pas le faire passer pour vertu.

Recevez, avec cette dédicace, aimable et aimé ex-président de notre docte Académie, les souhaits les plus confraternels de votre serviteur.

Augustin DELÈS.

Chambéry, le 2 octobre 1878.

LE GENDRE DE LOCUSTE

CHAPITRE Ier

Damnata Veneficii nomine Locusta;
multâ scelerum famâ.
(Taciti annalium, lib. XIII.)

Cosmidès, venu à Rome de la patrie des raisins
de Corinthe, mime par plaisir et par métier, est,
sur ses tréteaux, un homme de génie. Nul ne sait
mieux que lui se grimer, contrefaire les gens d'une
façon grotesque et faire pâmer d'aise un public.
Il a mille manières, par des intonations diverses,
d'accentuer l'ironie et de transformer un mot
inoffensif en une raillerie fine. Soit qu'il inter-
prète Aristophane, soit qu'il fasse valoir les comi-
ques ses contemporains, il est sans égal dans l'art
de saisir les nuances et de s'approprier le geste,
la voix, ou les défauts d'autrui. Son théâtre en
plein vent, construit de planches mal liées, avec

une petite scène sans trucs ni coulisses, attire chaque jour une foule pressée.

Ses auditeurs sont des gens de peu, des gens de la sixième classe, prolétaires et *capite sensi*, des affranchis pauvres qui ne savent où donner de la tête, des esclaves échappés pour une heure à la surveillance de leur maître, des soldats oisifs, des vétérans estropiés, des filles de joie qui vont là autant pour rire que pour recruter des clients. On reconnaît ces dernières à leurs vêtements d'étoffes aux couleurs criardes, à leur voix éraillée, à leurs gestes libres, et à leur argot expressif connu d'elles seules et des vieilles entremetteuses de la rue Suburra.

Avec cela Cosmidès fait, chaque soir, une recette assez ronde, surtout si quelque sénateur en laticlave, attiré par les cris enthousiastes du populaire, fait arrêter sa litière aristocratique et paye avec un numme d'or le compliment à son adresse ou la minute heureuse que l'histrion lui a fait passer. Cosmidès ferme exactement son théâtre à minuit; puis, sa recette sous le bras il se dirige vers une maison borgne, au pied de l'Aventin.

C'est là que, dans un antre sordide, fétide et mal éclairé, habite, comme un tigre dans son repaire, une sorcière édentée plus immonde que

l'infâme Canidie chantée par Horace. De tous les
noms maudits de cette Rome étrange où le vice
est plus commun que la boue, où le viol, le vol,
le meurtre, l'adultère, étalent, sans rougir, au
soleil leurs faces hideuses, où la rapine, la con-
cussion, l'usure, ont passé à l'état de dogmes, où
le sang humain est un liquide de peu de valeur ;
de tous les noms, dis-je, les plus exécrés de la
ville aux sept collines, un, surtout, excite l'horreur
et le dégoût de la foule : Locuste. Jamais goule
affamée, harpie impure, monstre humain ou in-
fernal, ne lui est apparu sous une forme plus
sinistre et sous de plus repoussantes couleurs.
Les habitants de son quartier ont fait sur elle une
effroyable légende. On dit qu'elle est passée maî-
tresse ès-sciences toxico-chimiques et qu'elle
excelle dans l'art de distiller les poisons. On dit
qu'elle emploie ses nuits à cueillir des herbages
vénéneux, à ouvrir des tombes, à faire aux lueurs
de la lune des incantations magiques. On prétend
qu'elle mêle à ses combinaisons des cheveux d'enfants, du sang de vierge et des ossements dessé-
chés. Ses préparations, à ce qu'on assure, sont
d'une activité et d'une subtilité telles, que oncques
personne n'échappa à leur funeste influence. Leur
action est tantôt rapide comme la pensée, prompte

comme la foudre ; tantôt subaiguë, contractant les membres dans d'atroces convulsions ou les frappant de paralysie. Quelques-unes ramollissent le cerveau et réduisent les malheureux à l'état de déments et de gâteux ; d'autres produisent une de ces fièvres hectiques que rien n'arrête et devant lesquelles les médecins s'inclinent, désarmés.

Pour mieux vérifier et expérimenter la force de ses toxiques, la vieille Locuste, dit-on, a le triste courage de voler les enfants errants, qu'elle attire par des promesses mensongères et qui disparaissent pour jamais. Quand une nuit obscure couvre le mont Aventin et que l'orage, déchaîné, fait hurler dans leurs loges les bêtes du cirque, on entend sortir de sa caverne des cris aigus, ou des plaintes étouffées. Vingt fois le peuple a voulu forcer la porte de Locuste ; vingt fois, au lieu de la sorcière cherchée, il n'a trouvé, dans la maison vide, qu'un chat galeux accroupi devant un feu presque éteint.

Par quel sortilége Locuste se rend-elle invisible ? Nul ne le sait ; mais on remarque une chose, c'est qu'à chacune des invasions nouvelles de la populace, un énorme hibou, caché jusque-là, apparaît, glapissant et lugubre, sur le toit de la maison.

Quoi qu'il en soit, Locuste possède, seule, l'intime composition de ses *venena*. Jamais elle n'a eu personne de compte-à-demi dans ses secrets. L'empereur lui-même ne devrait pas insister pour les connaître, il s'exposerait à un refus. L'empoisonneuse, cependant, n'est pas inaccessible ; et tout en gardant pour elle ses formules, elle a l'art de vendre très cher ses produits. Quiconque veut se débarrasser au plus vite d'un vieux père, dont il lui tarde de palper l'héritage, d'un oncle à succession, d'une épouse, d'un mari gênant, ou d'un créancier importun, se glisse le soir à brume dans la ruelle étroite où loge la sorcière et, moyennant finance, en sort toujours ayant dans sa main la substance demandée.

Néron n'a pas tardé à connaître la singulière artiste et l'a fait mander au palais. Ces deux scélérats sont bien faits pour se comprendre. L'un a soif d'infamie, l'autre à soif d'or. Cet homme aime le crime, surtout le crime à huit clos, sans bruit, sans scandale et sans résistance ; cette femme y trouve son compte, et ses agents vénéneux ont presque tous cette propriété spéciale de tuer avant que la victime ait pu maudire son meurtrier.

Les choses vont donc à merveille et l'on se met à l'œuvre. Néron veut connaître, non pas la nature intime des substances léthifères, mais leur dose, leur mode d'emploi et leur mode d'action. On fait d'abord des expériences sur des esclaves ; on saura mieux, plus tard, ce qu'il faut pour se débarrasser d'Agrippine et de Britannicus.

La nuit, au fond du palais, César et Locuste, le maître du monde et la matrone de bas étage, viennent s'asseoir côte à côte. Touchante familiarité ! Sublime union d'instincts fauves ! Le même lit porte le monstre impérial et la scélérate femelle. Cette dernière étale ses flacons sur la robe de César ; elle lui en explique les vertus ; elle en fait scintiller à ses yeux les liqueurs brunes ou verdâtres. — L'écolier, à voir la façon dont il écoute, profitera de ses leçons.

Sur un ordre du maître, un esclave est introduit. C'est un robuste gaillard, fort des jarrets, aux membres d'athlète, au torse musculeux et large, au front bien développé et surmonté d'une épaisse forêt de cheveux roux. Venu des plages scandinaves, il a été acheté par l'intendant des palais de Néron et institué gardien-chef des molosses. Pourquoi l'a-t-on choisi parmi ses mille compagnons de l'Ergastule ? C'est bien simple : on tient à faire l'essai fatal sur un chêne ; si le chêne succombe, quel sera le sort des arbrisseaux ?

« Avance, dit Locuste, et bois à la santé de
« César. »

Le Scandinave, sans se douter du guet-apens,
ingurgite le liquide amer.

« Mauvais vin, dit-il, il me brûle la gorge !
« Oh ! oh ! »

Soudain un vertige le prend et il tombe comme
une masse sur le pavé de marbre. En même
temps, une horrible crampe s'empare de ses pieds
qui se crispent, et de ses doigts qui se tordent. Ses
bras convulsés, tantôt se fléchissent, tantôt se dis-
tendent avec des craquements sinistres. L'écume
aux lèvres, les yeux saillants et injectés de sang,
la langue violacée, le thorax comprimé comme par
un étau, le malheureux cherche en vain à se soustraire au sort qui le menace. Il sent un froid
mortel l'envahir ; son cœur, pris de paralysie,
s'arrête, et une convulsion dernière annonce à
Locuste que le barbare n'est plus.

« Bravo ! dit Néron, bravo ! divine Locuste, tu
« as magnifiquement travaillé ! Cette liqueur me
« convient ! Le genre de mort qu'elle procure ren-
« tre tout à fait dans mes goûts. Vends-moi ce
« flacon, je t'en offre un demi-talent d'or. »

« — En voici un autre, dit la vieille, mais d'une
« action toute différente ; veux-tu l'essayer ? »

« — Oui, belle matrone, qu'on amène mon
« cuisinier ; il m'a fait manger hier une sauce
« détestable, je veux lui rendre la pareille. »
Le cuisinier arrive.

« Bois cela, maître coq, c'est un extrait de ta
« sauce d'hier. »

Mais à peine l'a-t-il touché des lèvres, que le
malheureux s'affaisse et devient noir comme l'aile
d'un corbeau ; une sueur visqueuse colle ses cheveux et descend en gouttes cireuses sur ses tempes.
Bientôt les chairs gangrenées se détachent ; la
putréfaction s'empare de l'homme vivant encore
dont l'œil vitreux ne tarde pas à se fermer pour
jamais.

« Je réserve celui-ci pour ma mère, dit le
« monstre ; il vaut un talent d'or, ou je ne m'y
« connais pas. Sais-tu que tu es en ton genre une
« artiste de premier ordre? Tout le monde ne
« peut pas être musicien, poète, coureur, comme
« moi ; mais, si mes talents divers me rendent
« sans rival, tu peux prétendre, pour ta part, à
« une réputation colossale.

« A propos, avant de te quitter, vois-tu tou-
« jours, dis-moi, le mime Cosmidès? On assure
« qu'il fréquente assidûment ta maison, qu'il est

« amoureux de ta fille et qu'il veut l'épouser !
« Fameuse alliance ! à quand la noce. »

« — Elle est, dit la vieille, fixée six jours
« après les ides de juin. »

« — Beau temps ! saison propice pour l'hymen !
« Io ! Evohé ! Evo ! ohé ! Je t'assure, charmante
« sorcière, que je suis de compte à-demi dans
« ta joie. Un si bon mime ! un acteur si consommé
« pour gendre ! C'est plus qu'une fortune. Tu
« ignores peut-être qu'il me contrefait à mer-
« veille, et, qu'une vieille lyre à la main, il imite,
« on ne peut mieux, ma manière de chanter.
« Une de ses pièces surtout a le bonheur de dé-
« sopiler la soldatesque ; et les spectateurs, en
« rentrant chez eux, ne manquent jamais de
« dire : c'est lui, c'est son fausset. On dit qu'il
« gagne à ce jeu un argent fou ! Tant mieux !
« tant mieux ! Je voudrais qu'il en gagnât dix fois
« plus, parole d'empereur ! et je ne lui en veux
« pas de ces jeux d'enfant ! Bien loin de là, je
« prétends lui faire une agréable surprise. Ton
« repaire de l'Aventin se prête mal aux douceurs
« d'une première nuit de noces. Fi donc ! Il faut
« faire les choses en grand, ou ne pas s'en mêler.
« Ecoute ! le jour heureux arrivé, préviens-moi :
« ma table sera ouverte aux époux fortunés. Je

« leur ferai boire de mon vin de Crète, qui date de
« cent ans. Toi, Locuste, pour jouir de leur
« bonheur, tu te tiendras dans la pièce voisine et,
« au dessert, tu viendras partager leur plaisir.
« Adieu ! Souviens-toi de l'honneur que je te fais.

L'empoisonneuse sort du palais de Néron. Mais
à peine en a-t-elle franchi le seuil, que le dissimulé et vindicatif coquin, tenant à la main les flacons de toxique, s'écrie :

« Celui-ci, ai-je déclaré, est pour ma mère, il
« sera fait comme je l'ai dit. Celui-là, oh ! celui-là
« est pour le jour de la noce. Ah ! petit Cosmidès !
« tu te ris de moi dans ta bicoque ! Tu veux par
« jalousie t'attaquer au plus grand musicien du
« monde. Nous verrons si tu feras ici d'aussi
« jolies grimaces que là-bas ! »

Et repoussant du pied le cadavre roidi de l'esclave du nord, sans toucher à la dépouille putré-
fiée de son cuisinier, le tyran, impassible, remonte
dans sa chambre à coucher, où Actée, impatiente,
le reçoit dans ses bras laiteux.

CHAPITRE II

Pendant que le digne successeur de Claude met si bien son temps à profit pour étudier les divers modes d'expédier les gens à Pluton, transportons-nous par la pensée dans un autre quartier de Rome. Un spectacle plus innocent et plus attrayant que le premier s'offrira à nos regards surpris et captivera notre attention. Il existe, près de l'enceinte de la ville, sur la rive gauche du Tibre, derrière le Viminal et l'Esquilin, à portée de fronde de l'amphithéâtre Castrense, à deux jets de flèche du temple de *Minerva medica*, une vaste étendue de terrains vagues où les prétoriens ont établi leur camp. Deux portes percées dans l'enceinte, la Tiburtine et la Prenestine, conduisent par deux larges voies dallées aux champs féconds de Preneste et aux collines enchantées de Tibur. Une autre voie, la Labicane part, du point où sera plus tard construit le *Colosseum*, pénètre entre les collines précitées et, après avoir fourni plusieurs artères latérales, vient traverser la région qui nous occupe et dont la topographie exacte ne peut qu'être utile à l'intelligence de notre récit.

C'est dans ces parages que Mécène, Horace, Salluste et beaucoup d'autres citoyens illustres avaient jadis établi leurs jardins et leurs somptueuses villas. C'est là que l'impudique Phaon, l'affranchi du maître, s'est fait bâtir une opulente maison de campagne avec le produit de ses honteuses complaisances.

Quand, monté sur la cime du Viminal, on promène un regard circulaire sur le panorama grandiose de la ville éternelle, on aperçoit un ensemble de temples, de palais, de monuments splendides devant lesquel il est impossible de contenir son admiration. Voici le Tibre aux longs méandes sombres, aux eaux jaunes, tout couvert de ponts gigantesques. Voici l'énorme masse du palais de Néron. Plus près de nous, le temple coquet de Junon Lucine, où les jeunes matrones vont demander la fécondité et une délivrance heureuse. Ce bois épais est celui de Méphitis, protectrice de la solubrité de Rome ; ce gros édifice est l'abattoir de Livius ; cette rue étroite est la voix scélérate, célèbre par l'infamie de Tullia. Ici, on enterre vives les vestales coupables. Contemplez ces remparts énormes : Servius les a fait construire, c'est un ouvrage cyclopéen élevé pour l'éternité. Près d'eux, ô constraste amer et stupide dérision ! la spéculation de quelques Quirites a édifié à peu de frais des *columbarium*, en brique où l'on a droit, moyennant quelques centaines d'as , de reposer éternellement dans une caselle étroite et dans une urne de potier. Nous ne ferons que mentionner le temple circulaire de Bacchus, la basilique de Caïus, le Mont-Sacré , illustré par les révoltes du peuple et la harangue de Mennenius Aggrippa, et le camp des prétoriens, qui fournit chaque soir à Cosmidès une bonne partie de ses clients.

Ce pauvre Corinthien , en arrivant à Rome, n'a pas même apporté du bien plein une besace. Toute sa fortune consiste dans son talent mimique et les vêtements plus qu'usés qu'il a sur le dos. Vainement il a frappé à toutes les portes, pas un Romàin n'a délié les cordons de sa bourse ; on croyait avoir affaire à un intrigant. Seule, une femme, une vieille drôlesse mal famée, lui a prêté sur sa bonne mine de quoi suffire à sa première installation. Vous l'avez déjà nommée. Le chapitre précédent vous l'a fait connaître. Où, quand et comment Cosmidès fit-il cette étrange connaissance ? De quel service rendu cet argent fut-il le prix? Nous l'ignorons. Il vous suffira de savoir que, muni de ces modiques ressources, le Grec, après avoir erré de quartier en quartier, finit, ne pouvant se fixer au centre de la ville, par jeter son dévolu sur les terrains vagues situés derrière le Viminal. C'est là qu'il bâtit son théâtre, avec la permission des édiles.

Ce théâtre, avons-nous dit, est en bois. Dix colonnes de peuplier blanc, soigneusement lissées, en supportent le fronton triangulaire. Elles forment, avec la façade, un portique où cent et plus de personnes peuvent circuler à l'occasion. La partie antérieure du bâtiment consiste en une espèce de parallélogramme de vingt coudées de profondeur. Adossé à lui est un édifice circulaire en planches reliées par des traverses de sapin. Montons un escalier de trois marches ; traversons le portique et pénétrons dans l'intérieur du théâtre par une des ouvertures latérales. Un couloir sombre, vomitoire destiné au public, donne accès dans la bicoque du comédien. Cette bicoque imite tant bien que mal la disposition des grands amphithéâtres. Voici les gradins et les travées, voilà les precinctions. Là se trouve l'orchestre bien maigre, hélas, de notre artiste. Plus loin, le *proscenium* élevé de trois coudées au-dessus de l'orchestre, où les acteurs viennent étaler leurs grimaçantes personnes et débiter leurs désopilantes plaisanteries. Un voile, qu'on laisse tomber au moment propice, sépare pendant les entr'actes le public de cette partie de la scène. Un compartiment caché aux profanes, le *postscenium* sert aux changements de costumes et à l'emmagasinement des accessoires. Etrange pêle-mêle d'artifices divers, d'outres et de trappes, de vases de bronze, de tours, de châssis, de machines à apparitions, de masques, de gorgones, d'Euménides, ce réduit obscur est bien vraiment l'arsenal de la mimerie. Un immense *velum* de grosse toile, suspendu sur le cirque par des cordages, protége les spectateurs contre les ardeurs du soleil et les bourrasques de la pluie. Invention sublime, invention divine inconnue au siècle précédent et qui a fait dire à un des auteurs contemporains de Cosmidès.

> In pompeiano tectus spectabo théâtro
> Nam populo ventus vela negare solet.

Disons un mot de la troupe de Cosmidès. Et tout d'abord c'est lui qui en est à la fois le chef, le régisseur, le directeur. C'est lui qui choisit les pièces et distribue les rôles, répartit les bénéfices et raccole les acteurs. Il est le bout-en-train de toute la bande ; à lui incombent le soin des répétitions, les détails de l'orchestration et du renouvellement des costumes et la confection des décors.

Quoique jouant d'habitude les premiers rôles, il sait, selon la circonstance, servir de bouche-trou. Supérieur comme comique, très beau chanteur, il est, en outre, un administrateur de premier ordre, et il mène de front la partie artistique et la partie commerciale de son exploitation.

Sous ses ordres, mais très au-dessous de lui comme acteurs, nous citerons deux Gaulois, Lugdunus et Narbo, originaires de la province, petits et trapus, d'apparence grossière, engagés pour les rôles secondaires de paysans, d'esclaves et d'affranchis; le Grec Athénodore, grand escogriffe maigre, à bec d'aigle, de Corinthe comme son maître, gueux comme lui, mais se drapant avec fierté dans ses haillons comme un vrai descendant de Périclès. Athénodore joue les rhéteurs, les philosophes et les maîtres d'école. Trois Romains font aussi partie de la troupe comique. Nous réservons pour la fin un certain Esope, de nationalité douteuse, petit nain crépu, tordu, borgne et bancal, bâti pour recevoir les chiquenaudes et les horions. C'est le souffre-douleur, celui qu'on paye le moins et cependant, oserai-je le dire, celui qui attire le plus d'argent dans la caisse des comédiens. Comme on applaudit à sa manière de tendre le dos aux coups de bâton! Comme il met en joie

les vétérans par ses piteuses lamentations et l'air
avec lequel il sait dire : « Assez ! par pitié, faites-
« moi grâce ! épargnez la vie d'un pauvre père
« accablé d'une femme jalouse et affligé de sept
« enfants ! »

Au total, la troupe de Cosmidès est bonne.
Il fait et règle les comptes à la fin de chaque représentation. Les deux Gaulois, qui sont de fins
ivrognes, ont à peine touché leur part de bénéfice
qu'ils vont se gorger de vin dans une taverne ; le
Grec passe le reste de sa nuit au jeu ; les trois Romains emploient leur argent en costumes neufs et
en friandises. Quant au bancal Esope, le prétendu
père de sept enfants, il se ruine tous les jours avec
une jeune bossue du quartier Transtéverin.

Le matin du jour où nous avons vu Locuste en
grands pourparlers avec Néron, Cosmidès a fait
apposer contre une des colonnes de son théâtre
une pancarde ainsi conçue :

*Aujourd'hui, jour de Mercure, à l'heure ac-
coutumée,*

*Grande représentation des Nuées d'Aristo-
phane, en latin.*

Cosmidès jouera le rôle de Socrate,

Athénodore celui de Strepsiade,

Narbo celui de Cénagoras,

Coclès celui de Phidyppide.

*Un nouveau mode de suspension invisible per-
mettra de faire paraître Socrate merveilleuse-
ment assis au milieu des nuées. Rien n'a été
négligé comme costumes et comme décors pour
donner à cette pièce tout l'éclat désirable. L'orchestration des nuées a été l'objet d'un soin par-
ticulier. Dix choristes de premier choix et réunis
à grands frais feront entendre leur voix mélo-
dieuse. Ceux qui voudront avoir une place feront bien de venir de bonne heure. Des jetons
seront distribués dès l'arrivée de la nuit. A deux
heures précises, chute du rideau.*

Pour que notre ami ait fait ainsi appel à l'attention publique, il faut que sa comédie en vaille
la peine. Elle est en effet une des meilleures
d'Aristophane. Elle faisait jadis pâmer d'aise les
Athéniens, ce peuple élégant et caustique pour
lequel une raillerie bien tournée valait le gain
d'une bataille. On l'avait déjà bien des fois jouée à
Rome avant l'arrivée de Cosmidès, mais dans son
texte hellène, inintelligible pour la grande majo-
rité du public. Aujourd'hui il n'en est plus de
même : traduite en bonne langue virgilienne par
le rhéteur Causidicus, elle doit naturellement
affriander comme tout mets nouveau dont on a

entendu dire beaucoup de bien. Aussi, dès la chute du jour, voit-on déboucher du camp voisin une vraie légion de prétoriens ; des rues environnantes une cohue d'hommes gris (on appelle ainsi les gens de peu vêtus ordinairement d'étoffes grisâtres). Il en vient par dizaines et par centaines, jeunes, vieux, enfants, femmes, vieillards, esclaves affranchis, hommes libres ; on se pousse pour arriver plus vite, on se bouscule. C'est un immense afflux, un étrange méli-mêlo. Parsemées dans cette foule, vous distinguerez sans peine les phrynés fardées et les laïs à soldats des alentours du *Forum Boarium*. La file des amateurs d'Aristophane est longue, et les derniers arrivés sont à la queue attendant leur tour, la monnaie à la main. Tatius et Bavius, placés à l'entrée des vomitoires, perçoivent le prix des places et remettent en échange un jeton en os sur lequel est inscrit le nom de la travée et du gradin correspondant. Les gens à 20 as sont près de l'orchestre ; les citoyens à 15 as sont sur les gradins du milieu. Quant aux femmes publiques, aux esclaves et aux hommes gris, on leur a réservé les gradins supérieurs avec une promenade circulaire dite *summa precinctio*.

Cosmidès a fait les choses en grand. Les décors

scéniques sont repeints à neuf ; il a fait emplette
de nouveaux costumes. La façade de son bâtiment
est éclairée par d'énormes falots : il en est de même de l'intérieur, illuminé à jour, et de la rampe
ou trente flambeaux de cire blanche font le plus
magique effet.

La nuit est depuis longtemps arrivée. Le bruit
de la ville d'Auguste s'en va mourant par degré.
Le ciel est chargé de gros nuages gris étendus en
nappes ; l'air est chaud et lourd, et un observateur
pénétrant y discernerait le germe encore confus
d'un orage. Néanmoins ces symptômes vagues
n'ont pas assez d'intensité pour empêcher les
Romains de se précipiter en masse dans la trop
étroite enceinte et d'envahir les gradins. Bientôt
tout est prêt. L'heure réglementaire est à peine
venue, que les spectateurs impatients trépignent
du pied et font entendre de sourds grognements.
Soudain, trois coups frappés à intervalles égaux
annoncent l'ouverture du spectacle. Un silence
profond succède au bruit de la foule, la toile
tombe : la comédie va commencer.

Vous connaissez sans doute cette plaisante,
désopilante, horripilante, stupéfiante satire où le
pauvre Socrate est si fort maltraité, où on le fait
paraître suspendu dans un panier, en extase, au

milieu des nuées représentées par de méchants petits garnements. Ses disciples pâles, maigres, ont l'air de le contempler dans la plus profonde admiration.

Vous connaissez aussi cet imbécile de Strespiade, à qui son fils fait accroire que Socrate lui apprendra l'art de payer philosophiquement ses créanciers ; et ce mal-appris de Cénogoras, valet de Socrate, aux plaisanteries gros sel et à l'enthousiasme forcené pour les ridicules et les idées les plus sangrenues de son maître ; et Phidyppide, ce jeune fou, aussi prodigue que Strepsiade son père, et qui, endoctriné par Socrate, finit par battre l'auteur de ses jours et le chasser. Enfin, vous connaissez le dénouement burlesque de cette pièce où le pauvre Strepsiade, dégoûté de la philosophie, appelle ses gens, les fait armer de torches et incendie l'école. Socrate, enfumé, se sauve à grand peine au milieu des sarcasmes universels.

Vous répéter quelques-unes des grosses fadaises, des jeux de mots, des drôleries dont la pièce est émaillée, nous entraînerait trop loin de notre sujet. Nous nous bornerons à vous dire que Cosmidès les a fait ressortir à merveille. Des battements de mains ont à chaque instant couvert sa voix. Les prétoriens se sont tordu de rire ; les

aspasies ont poussé de petits gloussements appro-
batifs. Les artisans se sont esbaudis aux roueries
de Socrate et ont trouvé que ses finesses, en com-
paraison des leurs, sont bien mal cousues. Strepsiade, représenté par Athénodore, a partagé les
honneurs du triomphe. Enfin, tout a bien marché,
et si les spectateurs sont contents, les acteurs se
réjouissent intérieurement d'une si glorieuse et si
fructueuse journée. Hélas ! chaque triomphe a son
revers, chaque joie a ses épines. Jupiter, jaloux de
tant de bonheur, prépare à cette foule béate un
vilain tour de sa façon.

Le temps lourd et chargé qu'il faisait au commencement du spectacle, s'est peu à peu modifié à
l'insu des Romains trop attentifs à l'action comique
pour s'occuper de l'état du ciel. O trompeuse sécu-
rité ! Soudain, vers les quatre heures, au moment
où la pièce touche presque à sa fin, la toile qui re-
couvre les spectateurs commence à palpiter. Un
bruissement sourd s'échappe du bois de Méphitis.
On entend hurler les chiens du Viminal et, si l'on
prête bien l'oreille, on peut ouïr les bêtes du grand
cirque qui pressentent un danger inconnu. Bientôt
le vent, contenu jusque-là, s'élève avec violence.
Le velum, sous son puissant effort, ballotte et
clapote ; il monte et descend, formant des vagues

pareilles à celles de la haute mer. L'auster, en soufflant à travers les planches mal jointes du théâtre et les cordages, produit un ronflement de harpe éolienne, des sifflements, des miaulements. L'ébranlement est général. La voile, secouée, secoue elle-même l'enceinte circulaire où elle s'attache dont les parois s'éloignent ou se rapprochent comme les flancs d'une immense poitrine.

En se voyant ainsi balancés, les spectateurs peu effrayés jusque-là se demandent si le ciel va s'effronder sur leur tête. Les Romaines plus craintives poussent des cris à fendre l'âme. Les acteurs eux-mêmes, surpris de cette invasion subite du vent, restent muets et cloués à leur place. Cosmidès, suspendu dans son panier que personne ne remonte, a l'air de la statue de la désolation. Tout à coup une rafale de vent plus forte et plus soutenue rompt toutes les amarres de la toile qui retombe sur les spectateurs et les coiffe comme un vaste éteignoir. Les falots se sont éteint; une obscurité complète a tout envahi. Alors s'élevent de toutes parts des hurlements de détresse. On entend des jurons épouvantables et de touchantes prières. On fait des vœux à Diane, à Jupiter, à Eole, à tous les dieux et à toutes les déesses de l'Olympe.

Où es-tu Probus? Où vous cachez-vous Néander, Verpilio? Et toi, grande Vaccilia, qui avais mis ce soir-là pour plaire aux prétoriens ta ceinture dorée et tes sandales à claque, cadeaux du vieux Narcissus? Et toi, Gnathon, vétéran des guerres de Gaule, qui as perdu dans les batailles ton œil gauche, ta jambe gauche et ton bras droit? Et toi, Calculo, le plus beau faiseur de cothurnes de toute la péninsule, de Suse à Brundisium? Tous ensevelis, étouffés par la toile, ne sachant de quelle façon vous débarrasser au plus vite de cette coiffure importune.

Cosmidès, tout d'abord, paraît confondu devant un désastre jusque-là inouï. Cependant la raison reprenant son empire, il ordonne à sa troupe de rallumer les falots et de relever la toile.

Il est bien temps. Le désordre est indescriptible; des coups de pied, de poing commencent à s'échanger dans l'ombre entre les gens pressés qui marchent les uns sur les autres ou se bousculent en voulant se frayer un chemin. Enfin on se reconnaît, tout le monde est sain et sauf. Le premier mouvement de mauvaise humeur passé, on se met à rire et l'on court répandre dans Rome, le bruit de la burlesque aventure de la nuit. Notre héros et sa troupe vont se débarrasser dans le *postscenium* de leurs accoutrements d'emprunt.

Ils reviennent ensuite, pendant une heure, à la lueur des torches, chercher à remettre de l'ordre dans ce désordre. La toile est roulée et les dégâts sont réparés en gros ; puis chacun se disperse. Cosmidès resté le dernier, jette un regard investigateur sur le tout, ferme son théâtre et se dirige moitié triste moitié content par la voie Labicane à son rendez-vous accoutumé.

CHAPITRE III

Il tarde à Locuste de rentrer chez elle ; elle emporte soigneusement, serrées sous sa stole, les pièces d'or que lui a données Néron. Enveloppée d'un manteau gris très ample, la tête couverte du *flammeun*, voile jaune, qui descend jusqu'à la poitrine, en plis pressés, elle se dissimule le long des maisons. Elle ne saurait, en effet, à cette heure avancée de la nuit, faire une honnête rencontre. Depuis longtemps déjà l'hyppodrome a fermé ses portes et dépareillé ses chevaux ; les gladiateurs sont allés chercher, dans un sommeil salutaire, un repos réparateur et l'énergie nécescessaire à de nouvelles luttes. Le *forum* est désert ; magistrats et plaideurs, tribuns, prêteurs, consuls, sénateurs, chevaliers, tout dort. Veillant sur la cité, une ronde silencieuse traverse bien d'heure en heure cette solitude et ce silence ; mais le bruit des pas des Vigiles s'éteint bientôt et l'on n'entend plus rien que la voix lointaine et enrouée de quelque soldat ivre qui a perdu sa route, ou les hurlements des lions et des panthères de l'amphithéâtre, qu'on laisse tout exprès tourmenter par la faim.

Locuste, habituée aux ténèbres, marche d'un pied sûr, et bientôt elle va atteindre sa maison, quand un bruit de pas qui se rapprochent se fait entendre derrière elle. En même temps une voix d'homme, au timbre bizarre, frappe son oreille ; cette voix ne lui est pas inconnue.

Quand un imposteur effronté,
Le ventre à jeûn, par de vains artifices,
Viendra troubler vos sacrifices
Sans être par vous invité,
A grands coups de fourche et de gaules
Brisez-lui les épaules ;
Rouez-le de coups de bâton.
Point de quartier s'il ne fuit au plus vite ;
Fût-ce un aigle, fût-ce Iampon,
Fût-ce l'illustre Diopite [1].

Ces vers d'Aristophane, dans sa comédie des *Oiseaux*, scène de l'*Imposteur*, font partie du répertoire de Cosmidès, et c'est bien lui qui se donne, en rentrant, une petite répétition :

Où vas-tu, histrion, puits de gaîté, source d'esprit, où vas-tu en chantonnant ? Quel génie te pousse vers ce quartier désolé où demeure Locuste ? As-tu chez elle quelque profit à attendre ? Aurais-

______

[1] Petite bibliothèque de littérature grecque et latine. Paris, 1797.

tu avec ces vieux ossements quelque adultère commerce ? Oui, c'est bien là que tu vas.

Il frappe !… Personne !…

« Ohé ! Locuste ! ouvre donc. C'est moi, Cos-
« midès. J'arrive peut-être un peu tard ; mais,
« que veux-tu ? on ne fait pas toujours ce qu'on
« désire ! Mon théâtre s'est disloqué ; j'ai dû le
« réparer avant de venir. Ohé ! Locuste ! Lo-
« custe ! »

Après un instant : « Pour une future belle-
« mère, elle ne met guère d'empressement à me
« recevoir. Si du moins je pouvais parler une mi-
« nute à Locustille, cela me dédommagerait.
« Appelons. Locustille ! ma blonde ! ma toute
« belle ! par pitié, un instant d'entretien ! Lais-
« seras-tu ainsi transir ton amoureux, ton petit
« Grec, ton mime chéri ? »

Mais la porte reste close ; pas un bruit, pas une lumière révélatrice. « Elle dort, sans doute, et
« craint de se compromettre en me recevant.
« Quant à sa mère, je gage un as contre une
« sesterce qu'elle court les rues ! A son âge, ce
« n'est pas bien. Comme on voit qu'elle n'est pas
« une Lucrèce. Puisque la fatalité s'en mêle,
« allons, du courage, de la philosophie ! Quit-

« tons ces lieux où ma fiancée repose, nous
« serons sans doute plus heureux demain. »

Jetant un dernier regard sur cette porte inexo-
rable, le fiancé de Locustille va, en dépit de sa
déconvenue, reprendre sa tirade interrompue
un instant, lorsqu'une forme spectrale se dresse
devant lui :

« Holà ! hé ! Cosmidès !

« — Qui donc es-tu, fantôme, ombre funèbre ?
« Qui t'a dit mon nom ? Sans doute il te manquait
« une pièce de monnaie pour payer le passage du
« Styx, et viens-tu, instruit de ma générosité, me
« mendier une obole ? Tiens, la voilà !

« — Mais non, triple imbécile ! je ne suis pas
« une ombre ! O le sot, qui ne reconnaît pas
« la voix de Locuste !

Salut ! Grec de la Grèce,
Animal merveilleux tout seul de son espèce.

« — Merci du compliment, il est flatteur. Or,
« d'où viens-tu à cette heure tardive, et comment
« me laisses-tu m'égosiller sous tes fenêtres pen-
« dant que tu es à deux pas de moi à m'entendre
« pester ?

« — Je m'amusais à voir ta piteuse contenance.
« (Imitant la voix de Cosmidès) : Locuste ! Locus-

« tille ! Ah ! tu voulais entrer subrepticement chez
« moi en mon absence ! comme cela en tapinois !
« Locustille ! Elle ne t'aurait pas ouvert pour la
« ceinture d'Iris. Locustille ! Voilà les amoureux,
« ils ne connaissent pas d'obstacles ; mais j'ai eu la
« précaution, avant de sortir, de donner des ordres
« et je vois qu'ils ont été exécutés.

« Tu me demandes, je crois, d'où je viens ?
« Quoique la question soit passablement indis-
« crète, je vais te répondre : J'arrive en ligne
« droite du palais de Néron.

« — Toujours fanfaron, toujours burlesque,
« le maître de Rome.

« — Chut ! tais-toi ! les murs ont des oreilles.
« Rentrons au plus vite, et, si Locustille dort,
« tâchons de ne pas l'éveiller. »

L'antre de Locuste consiste en une seule chambre divisée en deux compartiments par une cloi-
son. Dans le premier compartiment, une table
basse et quelques siéges le long des murs ; une
tête de Gorgone sur un piédestal de bois ; un lit,
ou plutôt un grabat, dans un coin, forment le prin-
cipal ameublement. Cette pièce sert tout à la fois
de cuisine, de chambre à coucher, de salle à manger, de cabinet de travail et de laboratoire. C'est là
que l'empoisonneuse fait macérer, infuser, distiller, concentrer ses produits. C'est là qu'elle

exécute, non sur des enfants, comme le prétend le peuple crédule, mais sur des chiens, ses expériences mortelles. Un foyer encore incandescent fait voir que Locuste n'est pas restée longtemps absente ou que quelqu'un a pris soin d'activer le feu.

En effet, une personne a gardé la maison ; c'est Locustille. Mais fatiguée d'attendre en vain sa vieille mère, la pauvre enfant, laissant le feu s'éteindre de lui-même, s'est couchée dans la seconde pièce, demi-vêtue et prête à répondre au premier appel. Elle n'a pas tardé à s'endormir d'un sommeil profond, et nous doutons fort qu'elle ait ouï les objurgations si touchantes de Cosmidès. Le fait est que Locuste et le mime ne l'ont pas réveillée en entrant et que sa respiration douce et égale continue à se faire entendre à intervalles réguliers.

Si la chambre d'entrée est d'un aspect misérable, la chambrette de Locustille ne lui ressemble pas : le lit est moëlleux et blanc ; les murs sont peints d'azur ; des guéridons et des toilettes de bois rose supportent des vases étrusques de toutes les façons ; des statues de nymphes, de dryades, d'amours bouffis, ornent des niches et des piédestaux. On voit que la mère a voulu faire une jolie cage à son pinson.

Laissons-la dormir et revenons à Cosmidès.

Quand il a humé un bon air de feu et que Locuste, débarrassée de son pallium, de son voile et de son or, est venue s'asseoir près de lui :

— « Tu me disais donc que tu viens du palais de
« Néron et je te demandais s'il est toujours aussi
« burlesque. A cette demande, tu m'as répondu
« en te mettant le doigt sur la bouche et en me
« forçant à entrer dans la maison. Ce fou t'au-
« rait-il fait quelques menaces, ou quelqu'un des
« tiens aurait-il eu le malheur de lui déplaire ?
« Au fait, il doit me tenir en médiocre estime, et,
« tout petit que je suis, j'ai le talent, m'a-t-on
« dit, de l'irriter profondément. Voyons, franche-
« ment, ne t'a-t-il jamais parlé de moi, et sachant
« que je dois épouser ta fille, n'a-t-il pas mani-
« festé sa désapprobation par une grimace signi-
« ficative ?

« — Écoute, dit Locuste, je n'ai aucun intérêt
« à te tromper. Eh bien ! Néron ne désapprouve
« pas le moins du monde ce mariage ; il m'a
« même honorée d'une faveur toute particulière :
« vous êtes invités, toi et ma fille, à la table im-
« périale pour le soir de la noce.

« — Ah ! et qu'as-tu répondu à cette aimable
« proposition ?

« — Ce qu'on répond à une proposition aima-
« ble, que vous iriez.

« — Que nous irions ?

« — Mais, malheureux ! pouvais-je refuser, ne
« sais-tu pas que les invitations de César sont des
« ordres ?

« — Quelle folie ! me rendre à la table de
« Néron ! Ignores-tu que cet homme est dans le
« cas, sachant que j'ai contrefait sa voix fausse, de
« me faire jeter au Belluaire ou de me verser un
« ingrédient de ta façon ?

« — Il est vrai, dit Locuste, qu'aujourd'hui je
« lui en ai fourni de deux espèces : l'un est un téta-
« nique énergique, l'autre un dissolvant du sang. Il
« paraît que ce dernier est destiné par son posses-
« seur à une des personnes de sa famille. Quant
« au premier, je n'en connais pas la destination.
« Peut-être est-il pour toi ?

« — Comme tu parles de cela, cruelle ! On
« dirait que tu ne t'inquiètes guère de voir ta fille
« et ton gendre expédiés pour la barque à Carron.

« — Tu te trompes, Cosmidès ! Tant qu'il ne
« s'est agi que d'ennemis ou d'indifférents, je leur
« ai prêté les secours de mon art ; ce n'est pas,
« après tout, moi qui verse le poison, et j'ai pu,
« sans regret, servir de fournisseuse à des scélé-

« rats ; mais, malgré mon infamie, il m'est resté
« dans le cœur un noble sentiment : l'amour ma-
« ternel. J'ai veillé sur ma fille avec plus de solli-
« citude, plus de soins que la patricienne hon-
« nête n'en met à conduire et à élever la sienne.
« Et si son père (un propréteur, entends-tu bien)
« ne m'eût pas abandonnée lâchement après m'a-
« voir trompée, je n'en serais pas réduite à faire
« mon misérable métier !... Crois-tu bien que je
« sois de prime-saut et de plein-pied entrée dans
« la boue ? Crois-tu que je n'aie pas lutté en vail-
« lante et chaste Romaine, avant de me rendre la
« complice de tant de forfaits ? Non, non ! je fus
« jeune et je fus belle !... Tu souris !... oui, je fus
« belle et j'eus aussi mes illusions. O Cosmidès ! par
« quelle série de fatalités suis-je devenue la vilaine
« et scélérate vieille que tu vois ; tu ne le sauras
« jamais !... Sache seulement que j'adore ma fille
« et que je te porte, depuis que tu es son fiancé,
« une affection sans égale. Quiconque fera tomber
« seulement un cheveu de vos têtes innocentes ne
« le fera pas impunément, par les dieux ! et je
« vous vengerai !

« — A quoi bon, réplique le Grec, nous serons
« morts, et ta vengeance ne ressuscitera pas nos
« tristes cadavres.

« — Eh ! qui vous dit que vous mourrez ? Si
« j'ai donné le poison qui tue, je puis bien donner
« le contre-poison qui sauve ! Néron a le poison ;
« le contre-poison, le voici. Je te le donnerai à ton
« départ pour le palais. Dès que vous serez au
« dessert, car ce sera bien à ce moment qu'il vou-
« dra te surprendre... — Méfies-toi surtout d'un
« vin de Crète, vieux de cent ans, — tiens à la main
« ton flacon, et, après avoir bu la liqueur suspecte,
« bois une gorgée de l'antidote. Foi de Locuste, il
« ne te sera fait aucun mal, et Néron en sera pour
« sa courte honte. Ma fille aura aussi son flacon,
« on ne sait pas ce qui peut arriver.

« — C'est bien ! dit le mime, je me fie en toi,
« et, comme il se fait tard, je vais rentrer à mon
« théâtre et m'endormir. Quel dommage que Lo-
« custille sommeille si bien !... je..., mais puisque
« la noce est dans quelques jours, je tâcherai de
« prendre patience. Bonne nuit, Locuste !

« — Bonne nuit, Cosmidès ! et pas de mauvais
« rêve. »

La vieille a saisi la lampe et se dispose à recon-
duire le beau comédien, quand une femme jeune
et blanche, à demi-vêtue, marchant sur la pointe
des pieds, sort de la pièce voisine, arrive derrière
le Grec sans être remarquée ; elle lui saisit la tête

dans les mains, et la fléchissant légèrement en arrière, dépose sur le front de son fiancé un long et chaste baiser.

« Oh ! le vilain monstre ! dit-elle, il faut que ce « soit moi qui lui fasse la leçon. »

C'est Locustille ! La fine mouche n'a dormi que d'un œil, et s'est réveillée au moment propice après avoir entendu toute la conversation du jeune homme avec sa mère. Cosmidès, honteux de sa timidité, ne tarde pas à prendre sa revanche ; il ne veut plus partir maintenant, et trouve qu'il est encore bonne heure. Hélas ! Locuste l'ordonne, il faut abandonner ces lieux. Il sort, le cœur satisfait, et tout en suivant sa route, il murmure tout bas ces vers de Catulle :

> De tes baisers multipliés
> Lorsque j'aurai perdu le nombre,
> Quel plaisir de voir à nos pieds
> L'envie au teint pâle, à l'œil sombre,
> S'occuper à les supputer,
> Frémir et s'enfuyant dans l'ombre,
> Désespérer de les compter [1].

---

[1] Petite bibliothèque de littérature grecque et latine. Paris, 1797.

CHAPITRE IV

La noce a lieu. Locustille la blonde, qui ressemble à sa mère comme une colombe ressemble à un hibou, une gazelle à un ours, ou Vénus à l'horrible Alecton, est conduite à l'autel de l'hymen par l'heureux Cosmidès, paré pour ce jour-là de ses plus brillants oripeaux. Locuste a loué, pour le nouveau couple, une maison sur l'Aventin, à cent pas de la sienne, maison fraîche et parfumée comme le nid des amours ; ni trop petite, ni trop grande, entre cour et jardin, et meublée avec tout le luxe de la Rome d'alors. C'est dans le commerce des poisons qu'elle a pu réaliser d'assez belles économies pour faire face à tant de dépenses.

En effet, les plus riches patriciens ont escompté à beaux deniers luisants ses faveurs meurtrières ; des neveux lui ont avancé une large part de l'héritage de leurs oncles ; des femmes lui ont apporté des bracelets et des bagues de prix, et Néron ne s'est pas fait faute de lui donner des nummes d'or ou des talents.

Aussi sa fille est-elle belle comme une reine d'Égypte. Les vieux vins, les mets délicats, les fruits exquis sont réunis pour le banquet. Vingt joueurs de lyre, de flûte, de cymbales, égayent les convives et les mariés. Cosmidès fait rire tout le monde, même sa vieille belle-mère qui montre ses dents jaunes et dont les doigts inégaux, crochus et noirs, applaudissent aux saillies du nouvel époux.

La noce est finie. Locuste va avertir Néron, qui sourit d'un air sardonique et hypocrite, et qui commande un somptueux festin pour l'entrée de la nuit.

« Vas-tu être heureuse, lui dit-il. Ah ! je ne « saurais mieux faire pour reconnaître tes ser- « vices. »

Le soir venu, Cosmidès, Locustille et Locuste, tous en grande toilette, se rendent au palais. Des esclaves en sandales jaunes et en livrée pourpre et or marquée au chiffre de César Néron, les reçoivent sur la porte et les introduisent dans la salle du banquet. Elle est immense, de forme quadrilatérale, plus longue que large. Sa voûte, peinte de divers sujets de chasse, est supportée par dix colonnes de marbre penthélique. Le pavé, en fines mosaïques, représente Bacchus sur son char, une coupe à la main, couvert de pampres, barbouillé de lie et traîné par des tigres. A sa suite viennent

une foule de chœurs dansant, de faunes, de sa-
tyres et de femmes parées de leur unique beauté.

Au milieu de la salle est une table ronde très
basse en bois de citronnier, soutenue par un seul
pied d'ivoire sculpté et appelé pour cela mono-
pode. Elle a coûté soixante mille sesterces. Autour
d'elle sont quatre lits bourrés de plumes moël-
leuses venues à grands frais des régions du Nord,
et sur chacun desquels trois convives peuvent
prendre place.

Comme la nuit est arrivée, on a apporté, pour
éclairer la table, six lampes de bronze à plusieurs
becs remplis d'huile odorante. On a, pour l'orner,
disposé symétriquement sur elle des fruits dressés
en pyramide, de monstrueux gâteaux, des condi-
ments, des conserves au miel de Grèce et de Nar-
bonne. Chaque invité, chose rare, a devant lui sa
coupe de verre ou de cristal.

En entrant dans la salle où, sur des socles de
marbre vert ou bleu s'étalent des statues, des
bronzes de prix, des vases corinthiens garnis de
fleurs exotiques, les deux jeunes mariés restent
un instant comme éblouis. L'intendant préposé
au service de la bouche impériale les fait asseoir
sur des siéges de bois de cèdre en attendant l'arrivée de César. Ils serrent une dernière fois le

flacon sauveur sous leur stole ou leur pallium et font cette réflexion horrible que cette pièce si belle sera peut-être leur tombeau.

Enfin, Néron paraît dans tout l'éclat de sa gloire. Il a chaussé pour la circonstance les cothurnes blancs et or dont il se sert d'ordinaire quand il va se mêler aux représentations scéniques. Il a revêtu une chhlamyde de pourpre, retenue sur l'épaule par une agrafe de bronze incrustée d'énormes perles et d'émeraudes de la grosseur d'une noisette. Une toge en fin tissu de Phrygie largement étoffée, une tunique en laine blanche sans ceinture complètent son costume souverain. Ses doigts, ses poignets, ses avant-bras, ses bras, sont chargés de gros anneaux d'or ciselés en forme de vipères et constellés de diamants. Un appariteur portant les faisceaux annonce l'empereur. Il entre droit et fier, d'un pas cadencé, comme un acteur tragique sur son théâtre. A sa suite viennent le mignon Epaphrodite, frisé et fardé, et une demi-douzaine de courtisans ventrus, qui partagent d'habitude les débauches de l'empereur et sont les spectateurs muets et complaisants de ses orgies et de ses crimes.

De ce troupeau de parasites à la lèvre lippue et sensuelle, de ces vampires, de ces sangsues de la

cassette particulière, combien en restera-t-il près
du maître au moment de sa chute ? Lorsque fugitif
et traqué par ses ennemis, Néron voudra se débarrasser de la vie, où seront-ils, ces repus si plats
et ces hypocrites coquins ? Où ils seront ? Cachés
dans leurs terres et se faisant aussi petits qu'ils se
faisaient gros. Bannis volontaires, ils attendront
à l'étranger l'aurore du nouveau soleil, prêts à se
coucher à plat ventre devant lui comme devant le
dernier tombé. Pourvu que, mettant leur ingrati-
tude au niveau de leurs appétits, ils n'aient pas
mêlé leurs bruyants éclats de voix à la fanfare
des vainqueurs pour mériter le droit d'éclabousser
ensuite les vaincus. Ces misérables sont les mêmes
sous tous les régimes ; leur race se reproduit par-
tout. Si quelque César de contrebande, voleur
d'empire, après avoir nuitamment extorqué l'auto-
rité, emprisonné le Sénat, corrompu les magistrats
et proscrit trente mille citoyens, veut avoir une
cour, les mêmes se trouveront sur sa route, affamés
d'argent et de pouvoir..., chanteront ses louanges
et l'aideront à se mettre au-dessus des lois. Qu'il
tombe sous le vent populaire, que le destin des
combats tourne contre lui, les vautours qui vivaient
de l'aigle s'enfuiront effarouchés, et la femme de
César, pour se soustraire à la fureur publique,

n'aura que le char d'un dentiste et le bras d'un valet. Néron en a aussi sa part, de ces faméliques ; si lâche et si corrompu qu'il soit, il aime à se voir applaudir, et ceux qu'il amène aujourd'hui au banquet, quoi qu'il fasse ou qu'il dise, sont toujours prêts à battre des mains.

Reprenons notre récit.

Le maître de Rome, après avoir jeté un regard circulaire protecteur sur ses invités, va s'asseoir ou plutôt s'étendre sur le lit du milieu, séparé des autres par un large intervalle et garni de coussins plus riches et plus gros. Il fait signe à Cosmidès et à sa compagne d'aller prendre place sur le lit situé en face du sien, et aux courtisans de choisir leurs commensaux ordinaires. Quand tout le monde est placé, on procède au dîner.

On apporte d'abord les mets pimentés propres à exciter l'appétit ; les jambons fumés, les poissons marinés, les légumes préparés à l'acétum aromatique, les fines huîtres du parc d'Ostie, les conserves longuement méditées et préparées dans les offices impériaux. On arrose le tout de vin blanc de Falerne additionné de quelques gouttes d'essence venue d'Orient.

Les convives sont muets ; on n'entend, pendant ce premier service, que le bruit des serviteurs allant et venant, des couteaux à découper, des coupes qu'on emplit ou qu'on vide et de ce je ne sais quoi qui indique une mastication pressée. Néron, tout entier à la déglutition de ses mollusques dont il est friand, ne dit mot ; on se croirait à un repas funéraire.

Tout à coup, le vin blanc l'ayant mis de belle humeur, il s'accoude sur le triple coussin de soie frangée placé du côté de sa tête, et, faisant claquer sa langue d'une façon cynique :

« Sais-tu, Cosmidès, que ta femme est jolie à
« ravir, pour une fille de Locuste ? Elle a sans
« doute du sang patricien dans les veines ! Quels
« yeux vifs ! quel teint rose ! quelles lèvres fraî-
« ches et vermeilles ! C'est à donner l'envie de les
« croquer ! Et dire, heureux mortel, que tous ces
« biens sont à toi ! Dis-moi, Cosmidès, que vas-tu
« faire de ce joyau qui ne déparerait pas l'écrin
« d'un César ? Je suis sûr que tu vas l'enfouir
« dans quelque coin ignoré pour en jouir tout
« seul comme un avare et comme un gros jaloux. »
Puis, s'adressant à Locustille :

« Belle fille, mes compliments ! Vous avez
« épousé le mime le plus mime qui jamais mima
« ou mimera. En fait de grimaces, il rendrait des
« points à un singe. Pour contrefaire les gens, il

« n'a pas son égal ! Si rien ne s'y oppose, il ira
« loin, très loin. »

A ces mots, Néron, élevant sa coupe à la hauteur de ses yeux :

« Blonde Vénus, mutin Cupidon, triade des
« Grâces, et vous tous autant que vous êtes ici
« d'amours et de ris, favorisez ce couple char-
« mant ! Que Lucine l'inonde de ses faveurs !
« Que les Parques oublient de couper le fil de ses
« jours ! Puisse aussi Apollon, dont l'époux est
« le fidèle sujet, ne lui pas retirer ses bonnes
« grâces ! »

L'Empereur, ayant fini sa libation, vide sa
coupe ; tout le monde en fait autant, et un nouveau service commence. C'est le fond du repas, le
caput cenœ, composé de grosses pièces de gibier,
viandes et poissons découpés par le *carptor* et
servis par le *structor*. Voici venir des hures de
sangliers, des cochons de lait rôtis tout d'une pièce,
des pâtés de foie de gélinotte, des crêtes de fai-
sans, des oiseaux de montagne et de marais, des
volatiles aquatiques, des turbots, des murènes
nourries on sait comment ; puis trente plats de
viandes de venaison, des sauces et des coulis
d'une variété admirable. A chaque plat succède
une nouvelle rasade d'un vin nouveau portant

sur son amphore le nom du Consul qui présida à sa naissance : vins de Formies, de Cécube, vins de Gaule et d'Espagne, vins d'Allobrogie aux parfums résineux, vins de Sicile, de Chypre, de Corinthe. Quelques - uns viennent des celliers d'Auguste et semblent des topazes et des rubis dissous dans un rayon de soleil.

Le troisième service, *mensæ secondæ*, composé de fruits, de gâteaux, de sucreries, de mellites, comme on dit à Rome, vient ensuite. Les pièces principales en sont déjà étalées sur la table, comme décor, depuis le commencement du repas.

Depuis que Néron a si bien inauguré la conversation par sa sortie galante, une douce gaîté, manifestée par des bons mots, de plaisantes saillies et des anecdotes piquantes, s'est emparée des convives. Cosmidès et sa Locustille, gagnés par l'entrain général, ne sont pas des derniers à montrer de l'esprit. Au second service, les langues s'échauffent et l'amphitrion déclame, sur un ton emphatiqué, un de ses poëmes de la veille intitulé *le Minotaure*.

Au dessert, l'entrain ne connaît plus de bornes. Quelques courtisans, habitués à la chose, vont se faire vomir dans un coin pour recommencer la goinfrerie. Néron est rouge ; son cou de taureau, gonflé par les vapeurs de l'ivresse, laisse voir d'énormes veines prêtes à se rompre. Ses carotides, les artères de ses tempes battent d'une façon visible. Cependant, quel que soit le trouble de ses idées et l'intensité de sa congestion cérébrale, le maître a suivi, depuis le commencement du repas, une pensée avec une tenacité singulière, qui ressemble au tic-tac d'un moulin. Il attend avec une anxiété secrète le moment psychologique de faire venir le fameux vin de Crète dont il a modifié la composition, et d'en faire l'essai sur la fille même et sur le gendre de sa fournisseuse, — sur ce dernier surtout, qui n'a jamais manqué une occasion de faire rire de lui la canaille de la rue Suburra et les gens pauvres des petits quartiers populaires.

On en est à la fin du dessert, et nos deux jeunes époux en sont à se demander si tout finira bien, lorsque le César ivre se lève et dit :

« Histrion ! petit histrion ! aimable Grec Cosmi-
« dès ! répète-nous une de ces farces dans les-
« quelles tu sais si bien te moquer des person-
« nages contemporains ! Redis-nous la chanson
« où tu imites avec tant de perfection ma voix,
« que les soldats et la populace enthousiasmés
« s'écrient d'un accord unanime : « C'est bien là le
« fausset de Néron et son larynx striduleux ! »

« Et moi qui me croyais le plus grand musi-
« cien du monde et qui pensais avoir fait mes
« preuves, il paraît que je me suis trompé ! Allons,
« du courage, fils de Corinthe ! Je serais bien
« aise de me rendre compte par moi-même de
« l'effet que je produis en public. Ne me refuse
« pas ce plaisir, et, en échange, je te verserai un
« verre de ce vieux vin de Crète qui date du
« consulat de Cicéron. »

« — César, répond le mime, si vous le désirez,
« vos souhaits sont pour moi des ordres, je vais
« exécuter ma farce de l'*automédon enroué*. »

« — Vite ! vite ! Ne me prive pas plus long-
« temps du bonheur de l'entendre. »

Le Grec, comme s'il était sur les planches de son
théâtre, se dresse, se tord, s'allonge le visage, se
fait une mine piteuse, accentue les courbes de sa
face, fait pousser des rides à son front, à son nez, à
ses paupières, ce qui lui donne une figure de sa-
tyre, et il commence son boniment. Cette lubie, qui
n'a jamais été jouée que devant des vétérans, des
esclaves et des filles publiques, produit à la cour une
hilarité sans exemple. Chaque contorsion, chaque
lazzi fait pâmer d'aise ces hommes saturés de vin.
Devant sa jeune épouse, Cosmidès tient à se sur-
passer ; et, de fait, il est beau, de cette beauté comi-

que qui fait la fortune des histrions. Comme il
enfonce tous ces mimes romains si plats et si ser-
viles ! Comme il sait, par des inflexions diverses,
accentuer une phrase ironique et faire d'un mot
grossier une malice délicate ! Néron, quoiqu'ayant
la tête alourdie par un commencement de digestion
pénible, n'en est pas à ce point engourdi qu'il ne
discerne le menu sel à son adresse et les allusions
trop incomplétement voilées.

« Sa voix, glapit Cosmidès, est pareille à celle
« d'une vieille guitare dont les cordes sont mal
« tendues ou d'une flûte dont les trous sont bou-
« chés. On dirait un coq gaulois qu'on a nourri de
« concombre. Quand il court dans l'hippodrome,
« c'est à peine si ses chevaux peuvent l'entendre.
« Cet enrouement, il le prend pour de l'harmonie ;
« cette aphonie, pour le sublime de l'art ; et quand
« il a bu outre mesure, il entonne devant ses amis
« des chansons dans lesquelles on ne distingue
« qu'un bourdonnement confus.

« Admirez mes modulations ! semble-t-il dire en
« se rengorgeant. Où trouverez-vous un ténor
« plus sonore et plus coulant et de plus fraîches
« roulades ? »

« Les automédons, ses amis, à qui il paie des
« friandises et des amphores, applaudissent à tout

« rompre. Mais moi, qui ne lui dois rien, je trouve
« qu'il ferait bien mieux de conduire adroitement
« son char et de ne pas être à la fois cocher inha-
« bile et méchant musicien. »

Les courtisans, saisissant l'ironie, se regardent
d'un air gauche et semblent douter qu'on puisse
ainsi se gausser de l'irascible tyran.

Ceux qui connaissent le caractère dissimulé et
patient, mais implacable du meurtrier de Pétrone,
de Thraséas, de Lucain et de Sénèque, peuvent
seuls comprendre le raffinement de cruauté d'un
homme qui, tenant son ennemi d'une façon sûre,
joue avec lui au plus fin, comme un chat avec une
souris. Les dernières paroles du comédien, néanmoins, font déborder le vase de la colère impériale ; César trouve qu'il est temps de clore le bec
à cet oiseau de malheur. Se tournant donc vers
Cosmidès :

« Bien joué ! bien dit ! Tu dois avoir le gosier
« sec. J'ai là mon vin de Crète qui va te raffraîchir.
« Verse, affranchi, verse à mon excellent ami Cos-
« midès une bonne rasade de cette liqueur velou-
« tée ! Verses-en une coupe pleine à sa petite
« blonde Junon, et qu'ils boivent à la santé de
« la vieille Locuste ! N'est-ce pas, mes amis, qu'on

« ne peut mieux finir un repas de noce que par
« une pareille libation ?

« Epaphrodite, va prévenir les musiciens ; il
« est temps que la lyre fasse entendre ses
« accords. »

Cosmidès tend sa coupe ; Locustille en fait autant. Le vin de Crète y tombe louche et verdâtre.
Une pâleur mortelle, effaçant les vapeurs du vin,
se répand sur les traits des époux, un frisson traverse leurs membres, une sueur glacée coule de
leur front. O mort ! ô mort lugubre ! te voilà ! une
minute encore, et.... Mais, surmontant aussitôt sa
frayeur, Cosmidès encourage sa compagne. Tous
deux se lèvent et, tenant le verre empoisonné à la
hauteur de leurs lèvres :

« A la prospérité de l'empire ! A la santé de
« César Néron ! A celle de Locuste notre mère ! »

Puis d'un seul coup et comme mus pas un res-
sort, ils ingurgitent le breuvage mystérieux. Se
tournant alors et faisant le geste de s'essuyer les
lèvres, ils aspirent avidement et rapidement l'antidote de Locuste.

Néron triomphe ; un sourire sardonique se
dessine sur ses lèvres bleues. L'action du poison
sera prompte, les deux victimes doivent tomber et
se contracter à la fois. Il épie avidement les pre-

miers symptômes. Soudain, on entend dans la pièce voisine un concert de flûtes et de violes, et la vieille Locuste apparaît sur le seuil du banquet. Elle darde ses regards de vipère sur le monstre couronné et, se dirigeant vers sa fille et son gendre :

« Néron, misérable empoisonneur, tu as mal
« calculé ton coup, et, malgré mes leçons, mal
« pris tes mesures ! Une autre fois, tu seras plus
« heureux. »

A ces mots, elle entraîne les époux vers la porte du palais.

Cette apparition a été si inattendue, cette scène si prompte, ce résultat si imprévu et l'effet du toxique si bien manqué, que le sinistre gredin n'a pas l'idée de faire arrêter les fugitifs. Il roule de gros yeux idiots et semble chercher s'il est le jouet d'un rêve. Ses compagnons d'orgie se regardent sans pouvoir se rendre compte de cet abrutissement subit. Enfin, l'ivresse mal dissimulée jusque-là, jointe à une colère concentrée, déterminent une congestion cérébrale. Néron s'affaisse dans les bras d'Epaphrodite et on l'emporte demi-mort sur une civière jusqu'à sa chambre à coucher.

Quand il revient à lui, sa première pensée est de faire arrêter les trois misérables qui se sont joués de lui. Il ordonne de fermer les portes, de fouiller les catacombes et les égoûts. Mais c'est en vain.

Cosmidès et Locustille se cachèrent pendant un mois dans les carrières qui environnent le tombeau de Cecilia Metella. Puis ils résolurent de fuir l'Italie. Ne voyageant que la nuit, se cachant pendant le jour dans les grottes, les joncs et les bois, ils parvinrent, après plusieurs semaines d'angoisses et de transes, à dépister les limiers et à traverser les Alpes.

Arrivés au pays des Allobroges, ils se fixèrent près des sources de la Doria, sur les flancs d'un mont altier, dans une grotte profonde, site sauvage, à quelques milles de *Lemincum*. Ils y restèrent pauvres et inconnus jusqu'à la mort de Néron.

Locuste, elle aussi, se cacha d'abord ; mais, se sachant encore utile au tyran, elle ne tarda pas à reprendre possession de son antre. En effet, au bout de trois mois, le maître la fit de nouveau venir à la Maison-Dorée en lui promettant l'impunité. On se serra la main, et le gage de cette réconciliation intéressée fut la mort de Britannicus.

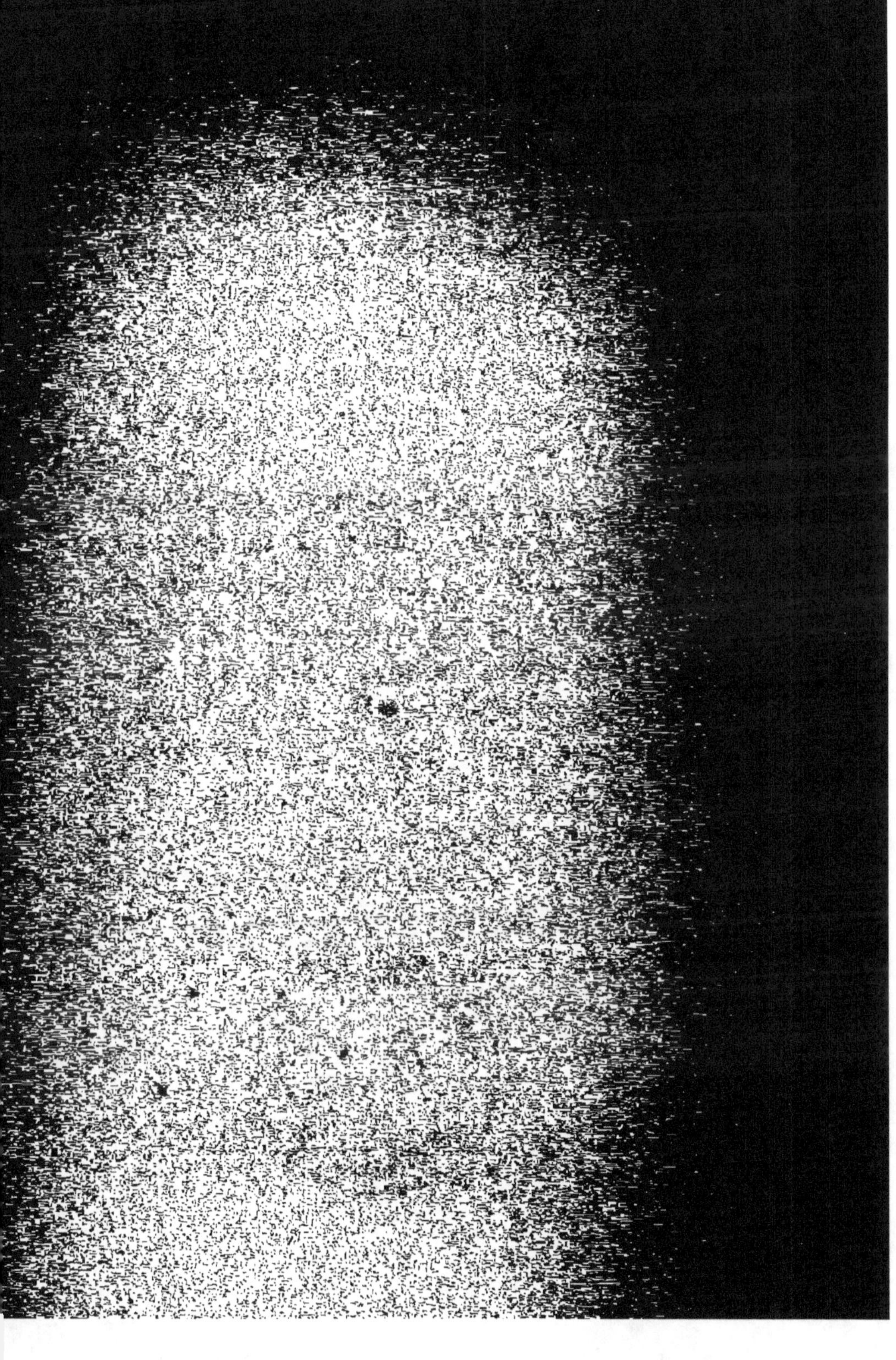

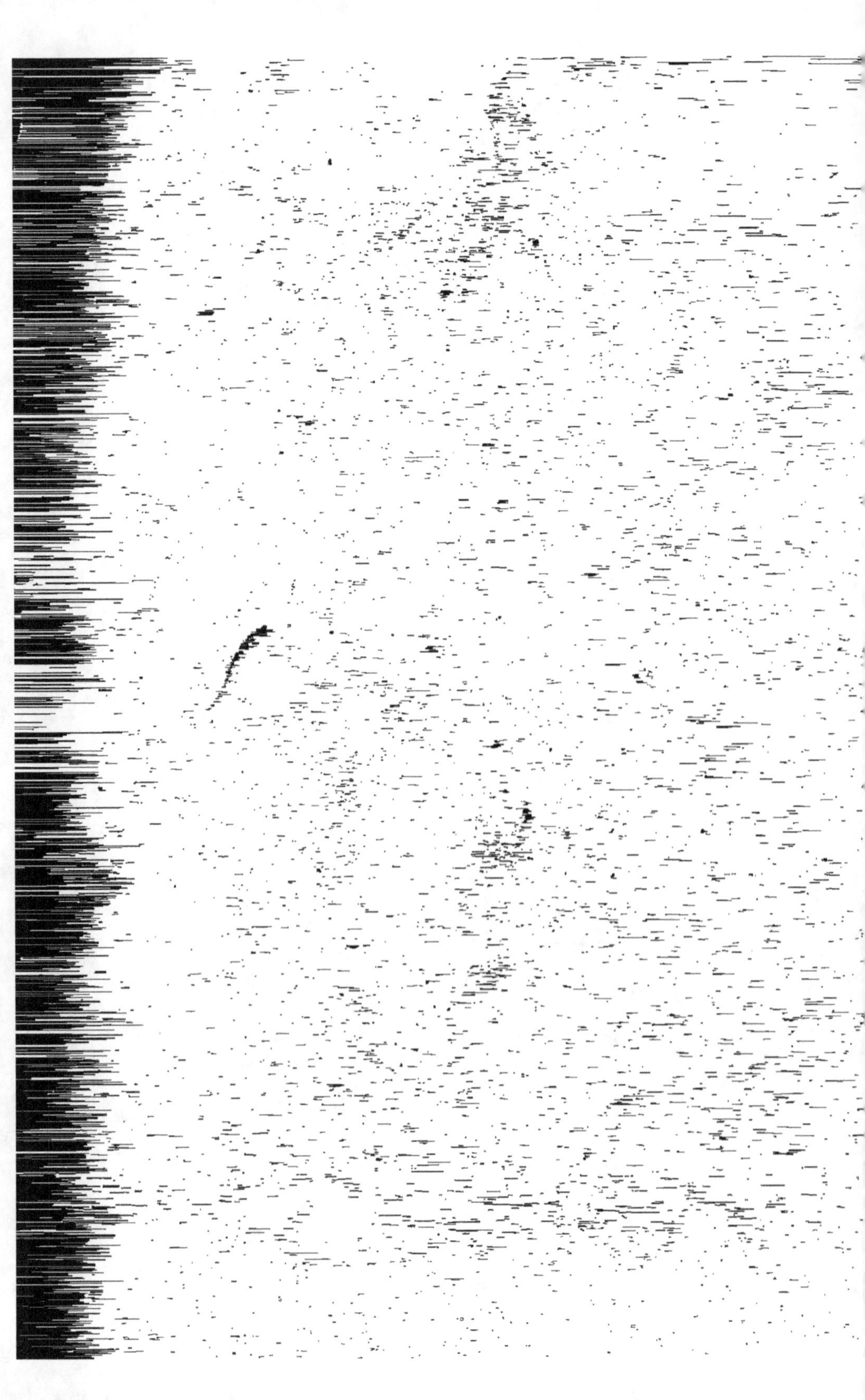

www.ingramcontent.com/pod-product-compliance
Lightning Source LLC
Chambersburg PA
CBHW061314060726
47596CB00003B/889